E Kakaokoro Arora ni Mwaiee

Te korokaraki iroun Emily Ashcroft
Te korotaamnei iroun Jovan Carl Segura

Library For All Ltd.

E boutokaaki karaoan te boki aio i aan ana reitaki ae tamaaroa te Tautaeka ni Kiribati ma te Tautaeka n Aotiteeria rinanon te Bootaki n Reirei. E boboto te reitaki aio i aon katamaaroaan te reirei ibukiia ataein Kiribati ni kabane.

E boreetiaki te boki aio iroun te Library for All rinanon ana mwane ni buoka te Tautaeka n Aotiteeria.

Te Library for All bon te rabwata ae aki karekemwane mai Aotiteeria ao e boboto ana mwakuri i aon kataabangakan te ataibwai bwa e na kona n reke irouia aomata ni kabane. Noora libraryforall.org

E Kakaokoro Arora ni Mwaiee

E moan boreetiaki 2022
E moan boreetiaki te katootoo aio n 2022

E boreetiaki iroun Library For All Ltd
Meeri: info@libraryforall.org
URL: libraryforall.org

Te korotaamnei iroun Jovan Carl Segura

Atuun te boki E Kakaokoro Arora ni Mwaiee
Aran te tia korokaraki Ashcroft, Emily
ISBN: 978-1-922827-72-2
SKU02268

E Kakaokoro Arora ni Mwaiee

E kakaokoro bukin
kani mwaieeia aomata.
Bukin teraa ngkai ko
kani mwaiee?

A mwaiee tabeman aomata ibukin te kakukurei.

A mwaiee tabeman
aomata ibukin te
bukamaru.

A mwaiee tabeman aomata, bwa a aonga n reke irouia rabakau aika boou i aon te mwaiee.

A mwaiee tabeman aomata tii ibukin kakukureiaia.

A mwaiee tabeman aomata ni iriira te anene ae mena n aia iango.

A mwaiee tabeman
aomata bwa a aonga
ni kaaitiboo ma aomata
aika boou.

A mwaiee tabeman aomata bwa a na karakina te karaki ke a na tibwauaa aia iango.

A mwaiee tabeman aomata bwa a na kamotirawaa ao ni kanakoraoa aia iango.

A mwaiee tabeman
aomata ni kaota
aia namakin n te
katangitang.

A mwaiee tabeman aomata bwa a na reireiniia te katei ma te anua ni maiu.

A mwaiee tabeman aomata bwa a na katoka maakuia.

A mwaiee tabeman aomata n akea bukina!

Ko kona ni kaboonganai titiraki aikai ni maroorooakina te boki aio ma am utuu, raoraom ao taan reirei.

Teraa ae ko reiakinna man te boki aio?

Kabwarabwaraa te boki aio.
E kaakamanga? E kakamaaku?
E kaunga? E kakaongoraa?

Teraa am namakin i mwiin warekan te boki aio?

Teraa maamaten nanom man te boki aei?

Karina ara burokuraem ni wareware
getlibraryforall.org

Rongorongon te tia korokaraki

Bon te tia reirei Emily Ashcroft ao te PhD student naba ngaia, ao e mmwakuri ngkoa bwa te tia reirei n te moan rinan i mwain mwaingina ao n riki naba bwa te tia angareirei i aon te primary education n te University of Canberra. Iai ana beebwa ae te Bachelor of Education n te Early Childhood and Primary ao te Master of Educational Leadership. Ana beebwa aio e boboto i aon STEM ibukiia ataei aika a uareereke. E maamaeka Emily ma ana kabae ao uoman aia kamea aika Ketut ao Franklin.

Ko kukurei n te boki aei?

Iai ara karaki aika a tia ni baarongaaki aika a kona n rineaki.

Ti mwakuri n ikarekebai ma taan korokaraki, taan kareirei, taan rabakau n te katei, te tautaeka ao ai rabwata aika aki irekereke ma te tautaeka n uarokoa kakukurein te wareware nakoia ataei n taabo ni kabane.

Ko ataia?

E rikirake ara ibuobuoki n te aonnaaba n itera aikai man irakin ana kouru te United Nations ibukin te Sustainable Development.

libraryforall.org

www.ingramcontent.com/pod-product-compliance
Lightning Source LLC
Chambersburg PA
CBHW040314050426
42452CB00018B/2835